Ge Guo
Gloria Oppermann
Madita Scheunemann
Verena Simon

Wo ist denn dein Leuchten hin?

Hilfe bei emotionaler Gewalt

Psychologische Kinderbücher

INHALTSVERZEICHNIS

„Fang mich doch", ruft Nunki Tiaki zu und springt von einem Stern auf den nächsten. „Du kriegst mich eh nicht!" Nunkis Seelenwesen Nu springt hinterher.
Tiaki und sein Seelenwesen Ti dagegen zögern.

Doch dann nimmt Tiaki all seinen Mut zusammen und macht einen riesigen Sprung hinter Nunki her. „Ha, du bist ja doch nicht so schnell, wie du dachtest.“ Er stupst sie lachend an. „Komm, wir rutschen um die Wette!“ Doch am oberen Rand des Planetenrings angekommen, zögert er. „Oje, das ist doch steiler, als ich dachte.“ Nunki nickt ihm ermutigend zu und saust los.

Tiaki atmet tief ein und rutscht hinterher. „Ahhhhh!“ In einem Affenzahn saust er auf Nunki zu. Mit quietschenden Füßen versucht er zu bremsen. Ti und Nu können gerade noch ausweichen, doch *BAM* Tiaki und Nunki rasseln ineinander. Nach einem kurzen Schreck rappeln sie sich laut lachend auf. „Und jetzt“, überlegt Nunki, „könnten wir Verstecken im Dunkeln spielen.“

„Im Dunkeln?!" Haki zuckt zusammen. „Ich hätte schon längst zu Hause sein müssen!" Ihm steigen Tränen in die Augen, als er daran denkt, wie seine Mama reagieren wird. Nunki rüttelt ihn an der Schulter. „Was ist denn?", fragt sie.

„Ach nichts. Lass uns einfach schnell nach Hause gehen!"

Vor seiner Haustür angekommen, erinnert sich Tiaki daran, was Mama heute Morgen gesagt hat. „Nie hältst du dich an Abmachungen! Du machst mir so viel Ärger!" Beim Klingeln zittern ihm die Knie, und sein Bauch fühlt sich ganz flau an. Sofort reißt seine Mama die Tür auf. „Das war ja wieder klar, dass du zu spät kommst!", motzt sie ihn an. „Und? Was ist heute deine Ausrede?"
„Ich ... Es tut mir leid ...", stammelt er. „Nunki und ich ... wir haben Wettrutschen gespielt und dann ..."
Doch Mama unterbricht ihn. „Weißt du was? Ich kann es nicht mehr hören! Geh auf dein Zimmer, ich möchte dich heute nicht mehr sehen!"

Mit gesenktem Kopf schlurft Tiaki in sein Zimmer. Er schmeißt sich aufs Bett und klammert sich ganz fest an das große flauschige Kissen. Langsam rollen ihm Tränen die Wange hinunter.

„Das ist doch unfair", denkt Tiaki. Nie kann er es Mama recht machen. Egal, was er tut, es ist immer falsch. Wenn er was in Mathe nicht versteht, sagt sie, er sei einfach zu dumm. Und als er neulich in der Golfgalaxie nicht mal bei der kleinen Milchstraße das Loch getroffen hat, nannte sie ihn vor allen einen Versager.

Es fängt an, in ihm zu brodeln. Erst ganz leicht im Bauch, und dann steigt es immer weiter hoch, bis in den Kopf.

Er springt auf. Bevor er nachdenken kann, greift er seine Sternensammlung und pfeffert sie gegen die Wand. Als alle Einzelteile scheppernd auf dem Boden landen, zuckt Ti zusammen.

Sofort steht Mama rot vor Wut in der Tür und schreit: „Ich glaube, du spinnst!“ Sie nimmt die Kiste mit Tiakis Spielsachen. „Die kannst du erst mal vergessen. Und Nunki wirst du so schnell auch nicht wiedersehen. Wehe, ich höre heute noch einen Mucks aus deinem Zimmer!“ Beim Rausgehen zischt sie: „Wenn ich dich nicht hätte, wäre alles so viel einfacher ...“
Tiaki lässt sich wieder aufs Bett fallen und starrt an die Decke. Er versucht einzuschlafen, aber zu viele Gedanken schwirren ihm durch den Kopf. „Das ist so ungerecht“, denkt er. „Immer bin ich an allem schuld.“ Er wünscht sich, seine Mama würde ihn mal wieder in den Arm nehmen. Sogar wenn er traurig ist, hat sie keine Zeit für ihn und sagt, er soll sich nicht so anstellen. Eine dicke Träne kullert Tiakis Wange hinunter. „Vielleicht hat Mama ja auch recht, und es wäre am besten, wenn ich einfach nicht mehr da wäre.“

Am nächsten Morgen klingelt es an der Tür. Tiaki schleicht sich zum Treppenabsatz, traut sich aber nicht runterzugehen. Nunki steht mit einem großen Paket in der Hand vor der Haustür. „Hallo! Ist Tiaki da?", fragt sie. „Wir wollten heute meinen neuen Planetenschlitten ausprobieren."
„Tiaki hat heute keine Zeit", faucht Tiakis Mama und schließt die Tür.

Ti zupft an Tiakis Ärmel. Doch dieser ist so wütend, dass er es gar nicht bemerkt. „Auf den Planetenschlitten haben wir uns seit Wochen gefreut“, schimpft er. „Das ist so unfair!“ Er stürmt in sein Zimmer und schlägt die Tür hinter sich zu.

Ti kann nur knapp ausweichen. „Hey, was soll denn das?“, ruft er empört und klettert auf den Schreibtisch. Dort schnappt er sich einen Stift und wirft ihn nach Tiaki. „Ich rede mit dir!“

Tiaki dreht sich überrascht um. „Seit wann kannst du sprechen?“

„Mir bleibt ja nichts anderes übrig, wenn du mich sonst nicht beachtest“, entgegnet Ti. „Hast du mich mal angeschaut in letzter Zeit? Alle Seelenwesen sind leuchtend bunt und schön, und ich bin so blass geworden.“

Verwundert sieht Tiaki ihn an und fragt: „Aber was hab' ich damit zu tun?"
Ti stemmt die Hände in die Hüften. „Naja, dich habe ich auch lange nicht mehr strahlen sehen."
„Wie denn auch, wenn Mama immer so gemein zu mir ist", entgegnet Tiaki und denkt nach. „Ah, und deshalb leuchtest du nicht mehr? Bedeutet das, dass du blass wirst, wenn es mir schlecht geht?"
„Ja, genau."

Tiaki will das jetzt genauer wissen. „Und wenn es mir gut geht, leuchtest du dann?" Ti nickt.
„Und weil es mir in letzter Zeit so schlecht geht ...", beginnt Tiaki.
„... kann ich nicht mehr leuchten," ergänzt Ti. „Schau dir doch mal Nu an. Ich möchte auch wieder so strahlen."
Tiaki betrachtet Nu, die er durchs Fenster sehen kann. Er dreht sich um und fragt Ti: „Wann hast du denn das letzte Mal so gestrahlt?"

Ti überlegt eine Weile. „Weißt du noch, als wir mit Nunki und Nu auf Klassenfahrt waren?"
„Oh ja", erinnert sich Tiaki. „Und nach der Klassenfahrt hat mich Mama ganz fest in den Arm genommen. Das hat sich toll angefühlt. Und da hast du auch so richtig gefunkelt. Ich glaube, ich habe eine Idee." Tiaki nimmt Ti in den Arm. Und tatsächlich wird Ti ein bisschen heller, und auch Tiaki genießt die Umarmung. Doch sobald sie sich loslassen, ist Ti wieder so blass wie vorher. Die beiden schauen sich verunsichert an. Ein bisschen hat es geholfen, aber irgendwas müssen sie machen, damit das gute Gefühl und das Strahlen andauern.
Tiaki läuft im Zimmer auf und ab. Das macht er immer, wenn er eine Lösung für ein besonders kniffliges Problem sucht. Er überlegt laut. „Weißt du noch, als wir das verletzte Tomki in Nunkis Garten gefunden haben und nicht wussten, wie wir ihm helfen können? Da sind wir zu Nunkis Papa gegangen. Vielleicht können wir das ja wieder machen. Er weiß bestimmt, was zu tun ist."
Ti nickt. „Das ist eine gute Idee."

Sobald Tiaki wieder raus darf, nimmt er all seinen Mut zusammen und springt zum Planeten von Nunki und ihrem Papa. Vor der Tür zögert er. „Vielleicht ist das doch keine so gute Idee", murmelt er, aber da sieht er, dass Ti ihn hoffnungsvoll anschaut. „Du schaffst das schon", sagt er sich selbst und klingelt.

„Hey Tiaki!" Nunki reißt die Tür auf und strahlt ihn an. „Wollen wir zusammen den Planetenschlitten fliegen?"

„Oh ja!", freut sich Tiaki. „Aber kann ich vorher mal mit deinem Papa sprechen?"

„Ja klar, komm rein", antwortet Nunki und ruft ihren Papa.

„Das ist ja eine schöne Überraschung", begrüßt ihn Nunkis Papa. „Ich habe gerade Kosmos-Kakao gemacht, magst du auch einen?"
Tiaki nickt. Nunkis Papa schenkt ihm ein und schaut ihn erwartungsvoll an. Tiaki druckst ein bisschen herum.
Nunkis Papa merkt, dass er lieber allein mit ihm reden möchte, und sagt zu Nunki: „Geh doch schon mal den Planetenschlitten holen."
Als sie weg ist, holt Tiaki tief Luft. „Kannst du mir helfen?"
„Gerne, wenn ich das kann", antwortet Nunkis Papa. „Erzähl mir doch erst mal in Ruhe, was dich bedrückt."

Da beginnt Tiaki zu erzählen, wie es ihm in den letzten Tagen ergangen ist – von dem Zuspätkommen, dem Planetenarrest, dem Spielverbot ... Anfangs fällt es ihm schwer, doch mit jedem Satz wird es leichter. „Ich glaube, meine Mama hat mich gar nicht richtig lieb. Sie sagt oft so gemeine Dinge zu mir."

Nunkis Papa hört schweigend zu. „Hm", sagt er dann. „Das klingt nach einer Menge Schwierigkeiten. Aber es war sehr mutig, dass du mir das erzählt hast. Damit hast du den ersten Schritt gemacht. Den nächsten übernehme ich. Ich würde gerne mit deiner Mama darüber reden."

Tiaki zögert. Was ist, wenn Mama sauer wird, weil er gepetzt hat?

„Ich kann mir vorstellen, dass du dir Sorgen machst", sagt Nunkis Papa. „Wenn du Sorgen hast oder dich etwas bedrückt, kannst du immer zu mir kommen."

Tiaki schaut zu Ti. Wie schön wäre es, wenn er wieder leuchten könnte. Einen Versuch wäre es doch wert. „Aber wie geht es weiter, wenn du mit meiner Mama gesprochen hast?"

„Hast du schon mal von den Helfonauten gehört?"
Tiaki schüttelt den Kopf.
„Es gibt viele Kinder, denen es ähnlich geht wie dir. Dafür gibt es die Helfonauten. Die helfen den Eltern dabei, ihr Verhalten so zu verändern, dass es allen wieder gut geht. Ich würde deiner Mutter vorschlagen, sich an die Helfonauten zu wenden." Tiaki nickt.

In diesem Moment kommt Nunki reingeplatzt. „Seid ihr endlich fertig?" Tiaki schaut Nunkis Papa an. „Wenn du keine Fragen mehr hast, gerne!", sagt er. Tiaki schnappt sich seinen Helm. Er und Nunki rennen nach draußen, schwingen sich auf den Schlitten und fliegen los.

MACH MIT

ÜBUNGEN FÜR DICH

Hinweise zu den Mach-mit-Seiten

Sie können die Mach-mit-Seiten für diesen Titel kostenfrei über unsere Internetseite nach erfolgter Registrierung online abrufen.
Nutzen Sie dazu bitte den angegebenen Link und melden Sie sich nach den dort beschriebenen Schritten an. Sie können auf die Materialien über **Mein Konto** zugreifen, indem Sie unter **Meine Zusatzmaterialien** den Code eingeben. Sie werden dann automatisch in den Downloadbereich weitergeleitet.
Link: hgf.io/download
Code: B-U774ZH
Wir empfehlen Ihnen, sich die Materialien auf Ihrem Rechner zu speichern, um sie jederzeit dauerhaft nutzen zu können.

Du möchtest wissen, wie es mit Tiaki und Ti weitergeht? Hat es Tiaki geschafft, Ti wieder zum Leuchten zu bringen? Welche Rolle spielten die Helfonaut:innen dabei? Auf den folgenden Seiten erfährst du mehr darüber und findest Übungen, die du selbst einmal ausprobieren kannst.
Ist dir aufgefallen, dass Ti schon zu Beginn weniger leuchtet als Nu? Tiaki und Ti merken, dass Tiakis Gefühle mit Tis Leuchten zusammenhängen, denn auch Tiaki geht es nicht besonders gut. Sobald er zu Hause ist oder an zu Hause denkt, bekommt er Angst, fühlt sich wertlos und macht manchmal sogar Sachen kaputt. Das liegt daran, dass Tiaki zu Hause durch seine Mutter emotionale Gewalt erfährt.

Was ist emotionale Gewalt?

Es gibt verschiedene Formen von Gewalt. Beispielsweise körperliche Gewalt, also wenn man am Körper verletzt wird, etwa durch Schläge und Tritte. Es gibt aber auch emotionale Gewalt. Dazu gehören gemeine Aussagen von anderen, durch die man sich schlecht fühlt, oder wenn andere Menschen einen ungerecht behandeln. Von emotionaler Gewalt bekommt man zwar keine blauen Flecken – aber sie tut trotzdem sehr weh!

Was gehört denn alles dazu?

Manche Eltern erzeugen durch Beschimpfungen, Bedrohungen oder Einschüchterungen Angst bei ihren Kindern. Oder sie stellen ihr Kind vor anderen Menschen bloß oder sagen ihm gemeine Sachen. Andere Eltern lassen ihre Kinder spüren, dass ohne sie alles besser wäre. Manche Kinder werden von ihren Eltern zu Hause eingesperrt oder dürfen sich nicht mit Freund:innen treffen. Es gibt auch Eltern, die ihren Kindern nicht zeigen, dass sie sie lieben. Sie sind abweisend, ignorieren ihr Kind oder helfen nicht, wenn es ihm nicht gut geht.

Erinnerst du dich daran, was Tiakis Mutter gemacht hat?

- ☆ Sie schrie Tiaki an: „Ich glaube, du spinnst!"
- ☆ Sie drohte Tiaki: „Und wehe, ich höre noch einen Mucks aus deinem Zimmer!"
- ☆ Sie sagte gemeine Sachen zu Tiaki: „Du bist einfach zu dumm!"

- Sie sperrte Tiaki in seinem Zimmer ein und verbot ihm, Nunki zu sehen.
- Sie zeigte Tiaki nicht, dass sie ihn liebt, und tröstete ihn nicht, als es ihm schlecht ging.

Wenn Kinder emotionale Gewalt erfahren, geht es ihnen meistens gar nicht gut

Im Gegensatz zu körperlicher Gewalt hinterlässt emotionale Gewalt fast keine sichtbaren Spuren. Aber die emotionale Gewalt verletzt die Kinder innerlich, sodass sie traurig oder wütend sind und sich zurückziehen, manchmal auch von ihren Freund:innen. Es gibt auch Kinder, die viel Angst haben. Manchen fällt es schwer einzuschlafen. Sie können auch Kopf- oder Bauchschmerzen bekommen. Andere Kinder haben Probleme in der Schule. Sie haben Schwierigkeiten mit dem Lernen oder auch mit anderen Schüler:innen. Einige Kinder werden schnell wütend, machen Sachen kaputt oder sind gemein zu anderen Kindern. Es fällt ihnen schwer, anderen Menschen zu vertrauen. Viele Kinder, die emotionale Gewalt erleben, haben außerdem das Gefühl, dass sie nichts wert sind und niemand sie lieb hat.

Tiaki ging es so:

- Er hatte Angst davor, etwas falsch zu machen.
- Er bekam Bauchschmerzen, zitterte und konnte nicht mehr gut schlafen.
- Er war traurig und dachte, dass er nichts wert ist.
- Er wurde wütend und machte Sachen kaputt, obwohl er das gar nicht wollte.
- Er fühlte sich einsam.

Da es betroffenen Kindern oft schwerfällt, sich Hilfe zu holen, ist es wichtig, dass vor allem Erwachsene, aber auch Freund:innen aufmerksam sind und fragen, ob etwas los ist, wenn sie Veränderungen bei Kindern in ihrem Umfeld erleben. Es ist wichtig, nicht einfach wegzusehen. Was man dann machen kann und wo und wie man Hilfe bekommt, erklären wir auf Seite 54.

Wie viele Kinder erleben emotionale Gewalt durch ihre Eltern?

Es ist schwer zu sagen, in wie vielen Familien es zu emotionaler Gewalt kommt. Das liegt auch daran, dass es häufig zu Hause passiert, wo es niemand anderes mitbekommt. Viele Kinder haben außerdem Angst, darüber zu reden, oder wissen nicht, dass sie Hilfe bekommen können – und wo.
Wahrscheinlich haben in einer Schulklasse mit 25 Kindern ungefähr vier Kinder zu Hause schon einmal emotionale Gewalt erlebt. Häufig erleben Kinder dann zusätzlich zur emotionalen Gewalt auch körperliche Gewalt oder werden von ihren Eltern vernachlässigt.

Warum verhält sich Tiakis Mutter so?

Wenn Eltern emotionale Gewalt ausüben, so wie Tiakis Mutter, kann das verschiedene Gründe haben. Manche Eltern sind zu Hause überfordert und haben zusätzlich viel Stress auf der Arbeit. Andere Eltern wissen gar nicht, dass es anders gehen kann, weil sie es selbst nie gelernt haben.
Aber meistens sind es verschiedene Dinge, die dazu führen, dass Eltern emotionale Gewalt ausüben. Tiakis Mutter ist zum

Beispiel alleinerziehend und hat einen anstrengenden Job mit langen Wegen, sodass sie sehr früh aus dem Haus muss und abends erst müde und kaputt zurückkommt.
Sie ist am Ende mit ihren Nerven. Wenn Tiaki dann abends nicht pünktlich nach Hause kommt oder etwas macht, das sie anstrengt, verärgert oder ihr Angst und Sorge bereitet, wird es ihr schnell zu viel. Dann lässt sie ihre Wut und Enttäuschung an Tiaki aus. Auch wenn Eltern sich so nicht verhalten sollten, kommt es trotzdem vor. ABER: Jedes Kind hat ein Recht darauf, ohne Gewalt aufzuwachsen.
Auch du hast ein Recht darauf! Wenn deine Eltern dieses Recht nicht einhalten, darfst du dir Hilfe holen!

Wer kann helfen?

Wenn du selbst zu Hause emotionale Gewalt erfährst oder das Gefühl hast, dass es einem anderen Kind nicht gut geht, kannst du dich an Erwachsene wenden, denen du vertraust. Das kann wie bei Tiaki der Vater deiner besten Freundin sein, Vertrauenslehrkräfte oder andere Erwachsene.
Und was passiert dann? Nachdem Nunkis Vater mit Tiakis Mutter gesprochen hat, bekommt sie Unterstützung von den Helfonaut:innen. Bei uns gibt es dafür das Jugendamt. Das ist da, um Familien und Kinder bestmöglich zu unterstützen und darauf zu achten, dass es den Kindern gut geht. Sowohl Kinder als auch Eltern können sich an das Jugendamt wenden, um Hilfe zu bekommen. Dann kann zum Beispiel jemand in die Familie kommen, um den Eltern dabei zu helfen, sich besser zu verhalten. Das Jugendamt gibt auch Tipps und Tricks, wie die Familie mit Konflikten besser umgehen kann.

Übungen, die dich wieder zum Leuchten bringen

Kraftquellen

Tiaki ist manchmal unsicher und denkt, dass er nichts gut kann. Das stimmt aber nicht! Als er mit Nunki darüber spricht, fallen Nunki nämlich ganz viele Sachen ein, die Tiaki besonders gut kann und die sie sehr an ihm mag. Die beiden haben zusammen all diese Eigenschaften von Tiaki aufgeschrieben. Sogar Nunkis Vater hat dabei geholfen. Wenn es Tiaki nicht gut geht, schaut er sich diese Kraftquellen an. Meistens fühlt er sich danach ein bisschen besser. Und auch Ti leuchtet dann ein wenig heller.
Hier kannst du deine eigenen Kraftquellen aufschreiben. Auf diese Liste gehören zum Beispiel Dinge, die du gut kannst (Sport, Musik, Schulfach), oder Hobbys, die dir Spaß machen (spielen, Sport, Hörbücher hören), aber auch Menschen, die dir guttun (Freund:innen, Familienmitglieder). All das kannst du auf diese Liste schreiben!

Das kann ich besonders gut (zum Beispiel tanzen, Handball spielen, zeichnen):

....

....

Diese guten Eigenschaften habe ich (zum Beispiel zuhören, witzig sein, ein:e gute:r Freund:in sein):

....

....

Das macht mir besonders viel Spaß (zum Beispiel Musik hören, Sport machen, Pfannkuchen essen, in der Natur spielen):

....

....

Das hilft mir, wenn ich traurig bin:

....

....

Das sind Menschen, die mir Kraft geben und an die ich mich immer wenden kann:

....

Manchmal ist es gar nicht so einfach, sich selbst Kraftquellen zu überlegen. Dann kannst du gemeinsam mit den Menschen, die dir guttun, so eine Liste erstellen.

Sätze, die dich stark machen

Tiaki hat zwischendurch den Gedanken, ob es nicht besser wäre, wenn er gar nicht mehr da wäre. Dann fühlt er sich wertlos. Wenn er so etwas denkt, fällt es ihm schwer, sich Hilfe zu holen. Deshalb hat er gemeinsam mit Ti Sätze formuliert, die ihm helfen, für sich und seine Bedürfnisse einzustehen. Diese bewahrt er in einer Schatzkiste in seinem Zimmer auf. Mach es doch genauso. Was schreibst du dir auf?

Ti leuchtet schon ein bisschen heller. Wie geht es deinem Seelenwesen?

Dein sicherer innerer Ort

Manchmal wird Tiaki alles zu viel. Dann geht er in seiner Fantasie zu seinem sicheren inneren Ort. Dort kann er in Ruhe durchatmen. Es hilft ihm, alles mal auszublenden und ein bisschen aufzutanken. Auch Ti genießt die Zeit dort.
Probiere es doch selbst einmal und denk dir einen Ort in deiner Fantasie aus. Wichtig ist, dass dieser Ort weit weg ist von jeder Bedrohung, also absolut ungefährlich. Es sollte richtig gemütlich und schön dort sein. Am besten sind dort keine anderen Menschen, weil sie deine Ruhe kaputt machen könnten.
Der Ort kann zum Beispiel an einem Strand sein oder in den Bergen oder in einem gemütlichen Zimmer. Du kannst dir aber auch etwas komplett anderes ausdenken – Hauptsache, du fühlst dich dort sicher und wohl!
Mach dir erst mal eine grobe Vorstellung davon, was das für ein Ort sein könnte. Dann kannst du anfangen, dich um die Details zu kümmern. Um deinen sicheren inneren Ort so realistisch wie möglich zu gestalten, solltest du am besten all deine Sinne nutzen:

Was kannst du sehen? Welche Dinge gibt es an deinem Ort? Ist er draußen in der Natur oder irgendwo drinnen?

....

....

Was hörst du? Kannst du Geplätscher hören oder ein sanftes Rascheln von Blättern? Vielleicht hörst du auch Vogelgezwitscher oder Musik?

....

....

Was kannst du riechen? Liegt ein besonderer Duft in der Luft? Riecht es nach deinem Lieblingsessen?

....

....

Kannst du etwas spüren? Nimmst du zum Beispiel das warme Sonnenlicht wahr oder das Gras unter deinen Füßen?

....

....

Dein sicherer innerer Ort soll dadurch ganz lebendig werden. Er gehört allein dir. Und wenn es dir nicht gut geht, dann kannst du dich an den Ort erinnern und dort ein bisschen Zeit verbringen, um wieder aufzutanken.
Nimm dir jetzt ein leeres Papier und zeichne deinen inneren sicheren Ort. Die Zeichnung kannst du dann in deinem Zimmer aufhängen, damit du dich immer an den Ort erinnern kannst.

Schlafrituale

Tiaki kann abends nicht gut einschlafen, weil ihm viele Gedanken durch den Kopf gehen. Das nervt ihn ganz schön. Außerdem ist er tagsüber immer müde. Dann vergisst er Dinge, kann sich nicht konzentrieren oder wird schnell wütend. Deswegen haben er und Ti sich ein kleines Ritual fürs Zubettgehen überlegt, das Tiaki jeden Abend durchführt. Es gibt viele Möglichkeiten, abends zur Ruhe zu kommen. Überleg dir, was dir guttut und dich entspannt.

Atemübungen machen

Musik hören

drei schöne Ereignisse des Tages sammeln

ein paar Seiten in einem Buch lesen

Bevor du schläfst: Luft rein, Licht aus, Lärm raus

Tiaki hilft es, wenn er sich genau auf seine Atmung konzentriert. Dadurch wird er ruhiger und kann besser einschlafen.

Dafür legt er sich zuerst mit dem Rücken auf seine Matratze. Auf seinem Bauch liegt sein Lieblingskuscheltier. Das hilft ihm, seine Atmung wahrzunehmen. Immer wenn er einatmet, drückt die ganze Luft in seinem Bauch das Kuscheltier nach oben. Beim Ausatmen sinken der Bauch und das Kuscheltier wieder nach unten. Du kannst das auch ohne Kuscheltier machen. Dafür legst du einfach eine Hand auf deinen Bauch und eine andere auf deine Brust. Durch das Einatmen geht die Hand auf deinem Bauch nach oben, und durch das Ausatmen geht die Hand nach unten. Besonders gut hilft die Übung, wenn die Hand auf deiner Brust ruhig bleibt und sich nicht bewegt. Das kann am Anfang noch ein bisschen schwierig sein. Als Nächstes kannst du probieren, ob du es schaffst, dass du länger aus- als einatmest. Tiaki stellt sich beim Ausatmen immer vor, dass sein Kuscheltier ganz langsam nach unten sinkt, wie eine Feder, die langsam nach unten segelt.
Damit nicht nur die Atmung ruhig ist, sondern auch die Gedanken, sagt Tiaki immer beim Ausatmen das Wort **„Ruhe"**. Dabei konzentriert er sich auf das Wort und atmet ganz ruhig weiter. Das Kuscheltier geht mit der Luft im Bauch nach oben und sinkt ganz langsam wieder runter – **„Ruhe"**. Seine Brust steigt dabei nicht mit an.
Manchmal lenken ihn während der Übung andere Gedanken ab. Dann stellt er sich vor, wie diese Gedanken wie Wolken am Himmel vorbeiziehen. So kann er sich wieder ganz auf seine Atmung und das Wort **„Ruhe"** konzentrieren.
Vielleicht hilft dir die Übung auch beim Einschlafen. Probiere es doch einfach einmal aus. Leg dich gemütlich hin – lege deine Hand oder ein Kuscheltier auf deinen Bauch – atme ein und besonders langsam aus – denke dabei an ein Wort, das dich beruhigt (zum Beispiel „Ruhe") – andere Gedanken schweben wie Wolken an dir vorbei.

Und denk daran: Gut schläfst du, wenn das Licht aus ist, das Zimmer gut durchgelüftet wurde und es ruhig ist. Also: **Luft rein, Licht aus, Lärm raus**.

Und während Tiaki dann ganz tief und ruhig schläft, sieht man einen leichten Schein von Ti durch die Bettdecke. Er leuchtet wieder ein kleines bisschen mehr.

Umarmungen

Tiaki und Ti ging es besser, als sie sich umarmten. Wer sind die Menschen in deinem Leben, deren Umarmung dir guttut? Das können deine Eltern sein, aber auch Freund:innen oder Geschwister oder andere Verwandte. Schreibe hier einmal auf, zu wem du alles gehen kannst, um eine Umarmung zu bekommen, wenn es dir nicht gut geht:

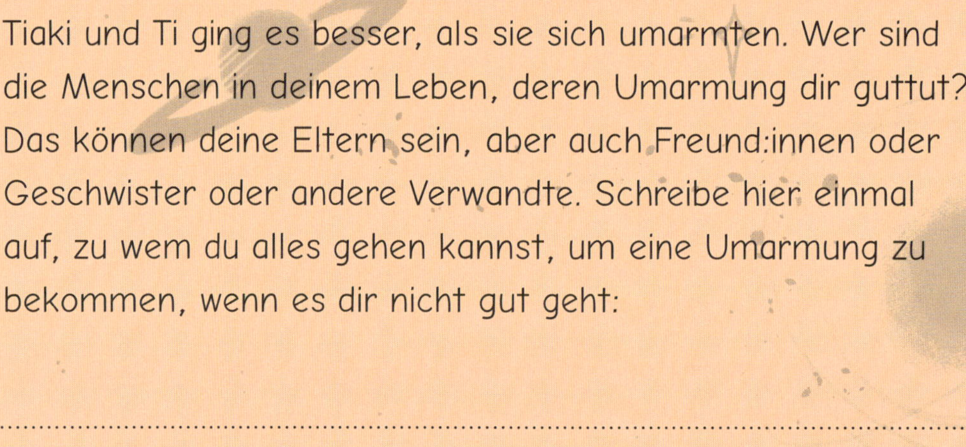

Rezept für Kosmos-Kakao (für 2 Tassen)

Vielleicht fragst du dich, wie der Kosmos-Kakao geschmeckt hat, den Tiaki von Nunkis Vater bekommen hat.

- ☆ 500 ml Milch
- ☆ 175 g Lieblingsschokolade (zum Beispiel Vollmilch oder Zartbitter)
- ☆ ein halbes Päckchen Vanillezucker
- ☆ Toppings: etwas Schlagsahne, Zimt, Marshmallows, Kakaopulver, Streusel (zum Beispiel in Sternenform)

- ☆ Brich zuerst die Schokolade in kleine Stücke.
- ☆ Erwärme dann die Milch und den Vanillezucker in einem Topf. Frag dafür eine erwachsene Person, damit sie dir hilft und du dich nicht verbrennst. Stelle zuerst den Herd auf die mittlere Stufe und rühre regelmäßig um. Vorsicht, die Milch kann schnell anbrennen oder überkochen.
- ☆ Wenn die Milch warm ist, füge die Schokolade hinzu.
- ☆ Rühre alles um, bis du keine Stückchen mehr sehen kannst und die Schokolade vollständig geschmolzen ist.
- ☆ Lass den Kosmos-Kakao jetzt von der erwachsenen Person in zwei Tassen füllen.

Gib auf beide Tassen ein bisschen Schlagsahne. Jetzt kannst du den Kosmos-Kakao mit den Toppings deiner Wahl verzieren. Tiaki mag seinen Kosmos-Kakao am liebsten mit Sternenstreuseln und Nunki mit Marshmallows und Zimt.

Für alle, die mehr wissen wollen

Liebe interessierte Bezugspersonen,

Genau wie Erwachsene hat auch jedes Kind Bedürfnisse, die gestillt werden müssen, damit es sich gesund und zu einem gefestigten und glücklichen Menschen entwickeln kann. Es ist aber auf Ihre Unterstützung angewiesen. Eltern und andere Bezugspersonen haben die Pflicht, verlässlich und verantwortungsvoll eine angemessene Lebensumgebung zu schaffen, in der die kindlichen Bedürfnisse befriedigt werden können. Neben den offensichtlichen überlebenswichtigen Bedürfnissen wie Nahrung oder Schutz vor Krankheiten ist es auch wichtig, die Befriedigung emotionaler Bedürfnisse zu ermöglichen, beispielsweise eine sichere und liebevolle Bindung, Kommunikation und Lernen. Die negativen Folgen von Missachtung dieser Bedürfnisse zeigen sich in der Geschichte bei Ti, der Tiakis psychisches Wohlbefinden widerspiegelt. Vier grundlegende Fähigkeiten zeichnen ein positives Erziehungsverhalten aus:

- **Empathie und Kommunikation** mit dem Kind
  - Eltern müssen sich in die Situation des Kindes hineinversetzen und dem Entwicklungsstand entsprechend auf das Kind reagieren. Dabei müssen immer die Autonomie und die Würde des Kindes gewahrt werden.
  - Der Mutter von Tiaki gelingt dies noch nicht besonders gut, aber wie dieses Verhalten aussehen kann, zeigt der Vater von Nunki. Als Tiaki ihn aufsucht, um ihm von

den Schwierigkeiten zu Hause zu erzählen, nimmt er wahr, dass die Situation für Tiaki schwierig ist. Durch kleine Gesten (den Kakao und das Signalisieren von Gesprächsbereitschaft) schafft er eine angenehme und altersentsprechende Situation für Tiaki.

- das Kind **realistisch** wahrnehmen
  - Um richtig reagieren zu können, ist es notwendig, den Entwicklungsstand des Kindes und die damit zusammenhängenden Fähigkeiten realistisch einzuschätzen.
  - Nunkis Vater hat eingeschätzt, dass Tiaki noch nicht in der Lage ist, die Situation zu Hause alleine zu bewältigen. Deshalb hat er angeboten, mit Tiakis Mutter zu sprechen.

- **realistische Erwartungen** an das Kind stellen
  - Nur durch eine realistische Einschätzung können entsprechende Erwartungen gestellt werden. Das Kind darf weder über- noch unterfordert werden. Hier ist auch die Rolle des Kindes zu erwähnen: Kinder sind weder Fürsorger oder Trostspender noch voll selbstständig. Eltern sind für die Sicherstellung der Aufsicht, Sicherheit und Übertragung altersangemessener Aufgaben zuständig.
  - Daher hat Nunkis Vater die Verantwortung übernommen und das Gespräch mit Tiakis Mutter gesucht. Ohne Tiakis Autonomie zu missachten, hat er ihn bei der Entscheidung, ob das Gespräch stattfinden darf, einbezogen.

- **aggressives Verhalten** gegenüber dem Kind **zurückhalten**
    - Wichtig ist auch, dass Eltern die Fähigkeit haben, sich selbst und die eigenen Impulse zu kontrollieren. Die Bedürfnisse und der Schutz von Kindern haben Vorrang. Eltern müssen also eigene Emotionen, die sich negativ auf das Kind auswirken können, kontrollieren können.
    - Die Geschichte zeigt, dass Tiakis Mutter wütend auf das Zuspätkommen reagiert, aber nicht, was bei Nunki zur gleichen Zeit passiert. Denn auch Nunkis Vater ist wütend, und sie erfährt Konsequenzen: Auch wenn er wütend war, konnte er seine Wut kontrollieren. Nachdem er tief ein- und ausgeatmet hatte, konnte er Nunki ruhig die Konsequenzen für ihr Verhalten erklären. Durch ihr Zuspätkommen war keine Zeit mehr für die Gutenachtgeschichte. Nunki musste direkt nach dem Abendessen ins Bett gehen.

Es braucht viele Ressourcen aufseiten der Erwachsenen, damit sie auch in herausfordernden Situationen angemessen mit ihrem Kind umgehen können. Erschwerende Lebensumstände können jedoch Ressourcen rauben, zum Beispiel:

- Armut
- sehr junge Elternschaft
- alleinerziehend sein
- körperliche oder psychische Erkrankung der Eltern
- Kinder, die besonders viel Aufmerksamkeit brauchen
    - Einschlafprobleme
    - Entwicklungsrückstände
    - Behinderungen

Dadurch werden Ressourcen verbraucht, die an anderer Stelle fehlen, zum Beispiel beim Erkennen und angemessenen Reagieren auf Bedürfnisse des Kindes. Eine Konsequenz daraus kann emotionale Gewalt darstellen. Trotz dieser Herausforderungen ist es Aufgabe und Pflicht der Eltern, die Bedürfnisse ihres Kindes zu schützen und zu erfüllen.

Was können Sie also tun, wenn es Ihnen nicht mehr möglich ist, angemessen auf die Bedürfnisse Ihres Kindes zu reagieren?

Wenn Sie das nicht mehr angemessen schaffen, haben Sie ein Anrecht auf Unterstützung zur Erziehung. Dabei hilft Ihnen das Jugendamt. Das Jugendamt hat kein Interesse daran, Ihnen das Kind wegzunehmen, sondern Sie so zu unterstützen, dass Sie gut mit Ihrem Kind zusammenleben und die Entwicklung Ihres Kindes bestmöglich fördern können.

Ihnen ist deutlich geworden, dass Sie etwas im Umgang mit Ihrem Kind ändern sollten. Damit haben Sie schon einen ersten wichtigen Schritt gemacht. Vielleicht haben Sie Sorge vor dieser Veränderung, doch Sie müssen diesen Weg nicht alleine beschreiten.
Es gibt viele verschiedene Unterstützungsangebote, die Sie nutzen können:

- Elterntelefon für unkomplizierte und anonyme konkrete Tipps
- Jugendamt:
    - frühe Hilfen für werdende Eltern und Familien mit Kindern bis zu drei Jahren (zum Beispiel bei Überforderung oder Krankheit)
    - Hilfen zur Erziehung (zum Beispiel Erziehungsberatung oder ambulante Familienhilfe)

- staatliche finanzielle Unterstützung (beispielsweise Kinderzuschlag, Wohngeld, Schulstarterpaket, Zuschuss für Betreuung, Unterhaltsvorschuss, Entlastungsbetrag für Alleinerziehende)
- Psychotherapie
- Beratungsangebote
  - zum Beispiel das Positive Elternprogramm, genannt Triple P (für Positive Parenting Program), ein System zur Unterstützung von Eltern und Familien durch Förderung und Ausbau positiver familiärer Beziehungen, Einstellungen und Verhaltensweisen
- weitere Kontakte und hilfreiche Websites finden Sie im Downloadteil.

Ressourcen-Baum

Der weitere Weg kann viel Kraft erfordern. Daher ist es umso wichtiger, dass Sie genügend Ressourcen zur Verfügung haben, auf die Sie zurückgreifen können.
Nehmen Sie sich ein Blatt Papier und malen Sie einen Baum mit starken Wurzeln, einem dicken Stamm und vielen Ästen und Blättern. Nun überlegen Sie: Welche Stärken haben Sie, und auf welche Ressourcen können Sie zurückgreifen? Schreiben Sie zu den Wurzeln die Fähigkeiten, die Sie und Ihren Charakter ausmachen. Sind Sie zum Beispiel besonders offen oder hilfsbereit? Nun denken Sie über die Fähigkeiten nach, die über die Jahre dazu gekommen und weiter gewachsen sind, wie der Stamm des Baumes. Schreiben Sie diese erlernten Dinge in den Stamm (zum Beispiel, dass Sie sehr geduldig sind, besondere Fähigkeiten in Ihrem Beruf haben oder auch lecker kochen können). Nun kommen wir zu den Blättern. Gehen Sie gerne joggen, singen Sie gerne unter

der Dusche, oder hören Sie gerne laut Musik? Schreiben Sie all das auf, was Ihnen Freude bereitet. Ergänzen Sie dies mit Menschen, die Ihnen wichtig sind. Nun sehen Sie einen Baum voller Stärken und Kraftquellen vor sich. Gerne können Sie den Ressourcen-Baum immer wieder ergänzen und anschauen, wenn Sie das Gefühl haben, dass Ihnen die Kraft fehlt.
Sie können auch zusammen mit Ihrem Kind einen solchen Baum erstellen.

Informationen für Fachkräfte

Von emotionaler Gewalt betroffene Kinder und Eltern suchen oft nicht selbst Hilfe. Daher ist es besonders wichtig, dass Sie als Fachkraft aufmerksam sind. Bei gewichtigen Anhaltspunkten für eine Kindeswohlgefährdung haben Sie das Recht und die Pflicht, sich an „insoweit erfahrene Fachkräfte" (IseF) zu wenden.
Als Teil der Jugendhilfe ist es die Aufgabe der IseF, eine Einschätzung zu Fällen potenzieller Kindeswohlgefährdung abzugeben und bezüglich des weiteren Vorgehens zu beraten. Erhärtet sich der Verdacht der Kindeswohlgefährdung, wird im weiteren Verlauf die betroffene Familie einbezogen. Hierbei steht immer der Schutz des Kindes oder des/der Jugendlichen an oberster Stelle. Ziel ist es, durch Aufzeigen von Hilfen das Kindeswohl wiederherzustellen.
Werden diese nicht angenommen oder führen die Hilfen zu keiner Verbesserung, werden weitere Maßnahmen eingeleitet.

Adressen und Kontakte

Hinweise zu den Adressen und Kontakten

Sie können die Adressen und Kontakte für diesen Titel kostenfrei über unsere Internetseite nach erfolgter Registrierung online abrufen.

Nutzen Sie dazu bitte den angegebenen Link und melden Sie sich nach den dort beschriebenen Schritten an. Sie können auf die Materialien über **Mein Konto** zugreifen, indem Sie unter **Meine Zusatzmaterialien** den Code eingeben. Sie werden dann automatisch in den Downloadbereich weitergeleitet.

Link: hgf.io/download
Code: **B-U774ZH**

Wir empfehlen Ihnen, sich die Materialien auf Ihrem Rechner zu speichern, um sie jederzeit dauerhaft nutzen zu können.

Nachwort der Herausgeber:innen der Reihe *Psychologische Kinderbücher*

Die *Psychologischen Kinderbücher* entstanden durch einen seltenen Glücksfall im Kontext von zwei Seminarveranstaltungen des Fachbereichs Psychologie an der Philipps-Universität Marburg (PUM) im Winter- und Sommersemester 2014/15: Als Kooperationsprojekt entwickelten das Institut für Bildende Kunst und der Fachbereich Psychologie der PUM eine praktische Übung für illustrierte psychologische Kinderbücher. Wir danken Prof. Tillmann Damrau und Dipl.-Des. Sabine Funk (beide heute Technische Universität Dortmund) für ihre Pionierarbeit am Institut für Bildende Kunst der PUM und die initiale Betreuung der ersten Bücher. Die Studierenden der Bildenden Kunst hatten Entwürfe zu Kinderbüchern erstellt, die verschiedene psychologische Themen behandeln. Diese Entwürfe wurden von den Studierenden der Psychologie auf der Textebene bearbeitet, sodass psychoedukative Bilderbücher zu psychischen Störungen im Kindes- und Jugendalter entstanden sind, die den neusten Wissensstand zu den jeweiligen Störungen repräsentieren.
Seit dem Sommer 2017 gibt es die *Psychologischen Kinderbücher* nun als Reihe im Hogrefe Verlag. Die PUM würdigte dieses Projekt im selben Jahr mit einem Preis für besonders innovative Lehre. Dieser Preis sowie die Unterstützung durch den Hogrefe Verlag ermöglichen es, seit 2018 die renommierte Illustratorin Leonore Poth und seit 2019 die Schriftstellerinnen Claudia Gliemann und Kathrin Lange hinzuzuziehen, die das Projekt künstlerisch begleiten. Für die Kinderbücher, die zwischen 2018 und 2022 erschienen sind, haben wir uns für eine klare Aufgabenverteilung

entschieden: Die Studierenden der Bildenden Kunst konzentrieren sich unter Anleitung von Leonore Poth ausschließlich auf die Illustration der Geschichten und die Gestaltung der Bücher und die Studierenden der Psychologie auf die Geschichte und Inhalte, betreut durch Prof. Dr. Hanna Christiansen und unterstützt durch ein Herausgeberteam aus Expert:innen der Klinischen Kinder- und Jugendpsychologie sowie aktuell durch die Autorin Kathrin Lange.
2023 erscheinen zwei Kinderbücher zu emotionaler Gewalt („Wo ist denn dein Leuchten hin?") und Adipositas („Feuerfelsen und Spiegelsee"), die von Prof. Dr. Hanna Christiansen und als Expertin für Adipositas von Prof. Dr. Petra Warschburger betreut wurden.
Wir freuen uns besonders, dass aus dem universitären Seminaralltag und dem akademischen „Elfenbeinturm" eine so gelungene Buchreihe für kleine Leser:innen und hilfreiche Publikationen für Therapeut:innen und Eltern hervorgeht, und wünschen dieser Reihe viele begeisterte Leser:innen und Nutzer:innen. Die Reaktionen auf die bisherigen Bücher waren überwältigend positiv, worüber wir uns sehr freuen. Wir sind uns sicher, dass wir mit diesem neuen Buch und den weiteren, die für 2024 geplant sind, an diesen Erfolg anknüpfen können. Die bisherigen Rückmeldungen von Leser:innen und Fachleuten aus der Praxis konnten die Qualität der Bücher weiter steigern und trugen dazu bei, die Reihe erfolgreich auf dem Kinderbuchmarkt zu etablieren.

Prof. Dr. Hanna Christiansen, Prof. Klaus Lomnitzer (Marburg)

September 2023

Nachwort – Aus künstlerischer Sicht

Die *Psychologischen Kinderbücher* sind inzwischen zu einem festen Bestandteil des Curriculums der Fachbereiche 04 Psychologie und 09 Germanistik und Kunstwissenschaften geworden. Für Studierende sind die Kinderbücher attraktiv, weil sie zum einen ernste Themen fachlich aufbereiten, und dies nicht allein auf wissenschaftlichem, sondern auch auf künstlerischem Weg vermitteln. Zum anderen ist es eine große Herausforderung und Chance, dem hohen inhaltlichen und gestalterischen Anspruch gerecht zu werden und die Bücher publizieren zu können. Bis eine Geschichte entwickelt, aufs Wesentliche reduziert und kindgerecht formuliert ist, ist viel zu tun. Daher ist die kompetente künstlerische Betreuung auf Bild- und Textebene ein notwendiges Tandem.
Für die Studierenden sind die Textarbeit, die Entwicklung der Illustrationen und insbesondere die intensive Auseinandersetzung mit professionellen Gestaltungsprogrammen reizvolle, aber permanent blinkende Großbaustellen in ihren eng getakteten Stundenplänen.
Dass ein derartiges Kinderbuchprojekt sowohl Disziplin als auch eine hohe Motivation voraussetzt, wird gelegentlich erst während des langen Arbeitsprozesses wirklich deutlich. Ohne das außerordentliche und leidenschaftliche Engagement der Studierenden wären zielführende Arbeitsprozesse an jedem einzelnen Buchprojekt undenkbar. Die Studierenden des Fachbereichs Psychologie erarbeiten sich zunächst das Fachwissen sowohl in ihrem Studienfach als auch auf dem Gebiet des Kreativen Schreibens, das für das Schreiben der Geschichten essenziell nötig ist. Anschließend konzipieren und schreiben sie auf diesem Fundament altersgerechte Erzählungen. Die Kunststudierenden entwickeln danach

zu den kompakten Geschichten sensibel passende Bilder, verbinden diese mit dem Text und gestalten sie weiter bis zur Publikationsreife. Dabei üben die Kunststudierenden oft neue, digitale Techniken ein und wenden diese schließlich kompetent an. In diesem Jahr werden zwei Bücher, die von Studierenden der Psychologie geschrieben und von Studierenden des Instituts für Bildende Kunst der Philipps-Universität illustriert und gestaltet wurden, zur Publikationsreife gelangen.
Für die gelungene und sensible Umsetzung der ernsten Themen bedanken wir uns bei allen beteiligten Studierenden.
In diesem Jahr wünschen wir insbesondere „Wo ist denn dein Leuchten hin?“, „Feuerfelsen und Spiegelsee“ und der gesamten Reihe weiterhin viel Erfolg!

Kathrin Lange
Autorin, Lehrbeauftragte am FB 04 Psychologie
Philipps-Universität Marburg

Leonore Poth
Künstlerin, Lehrbeauftragte für Kinderbuchgestaltung am
Institut für Bildende Kunst

Klaus Lomnitzer
Professor für Grafik und Malerei,
Geschäftsführender Direktor des Instituts für Bildende Kunst
FB 09 Germanistik und Kunstwissenschaften
Philipps-Universität Marburg

Nachwort der Herausgeberin des Bandes

Tiaki und Nunki spielen auf einem leuchtenden Planeten und genießen ihre Zeit zusammen. Zu Hause hat Tiaki jedoch Probleme mit seiner Mutter, die ihn oft kritisiert und gemeine Dinge sagt, sodass er Angst hat, nach Hause zu gehen. Das macht Tiaki traurig und führt zu dem Gedanken, dass es vielleicht besser wäre, nicht mehr da zu sein. Sein Seelenwesen Ti, das ihn immer und überall hin begleitet, macht das ganz blass. Ti erinnert Tiaki daran, dass es ihm besser geht, wenn er mit jemandem über seine Probleme spricht. Tiaki fasst all seinen Mut zusammen und vertraut sich Nunkis Vater an. Der hört ihm zu und schlägt vor, mit Tiakis Mutter zu sprechen und die Helfonauten um Hilfe zu bitten. Tiaki ist unsicher, aber hoffnungsvoll, dass sich die Situation verbessern wird.

Kindgerecht erklärt das Buch emotionale Gewalterlebnisse. Diese umfassen gemeine Aussagen, Einschüchterungen, Bloßstellung, Schuldzuweisungen, Einschränkungen der Freiheit und fehlende Liebe. Obwohl emotionale Gewalt keine sichtbaren Spuren hinterlässt, verletzt sie Kinder innerlich und kann zu Traurigkeit, Wut, Angst, Schlafstörungen, körperlichen Beschwerden und Vertrauensproblemen führen, die oftmals lang anhalten und auch im Erwachsenenalter noch zu Störungen in Beziehungen führen können. Tiaki zeigt einige dieser Anzeichen. Mögliche Gründe für das Verhalten von Tiakis Mutter werden dargestellt, aber dabei wird betont, dass jedes Kind das Recht hat, gewaltfrei aufzuwachsen, auch wenn man die Gewalt nicht sieht.

Etwa vier Kinder in einer Schulklasse können von emotionaler Gewalt betroffen sein. Wichtig ist, dass Erwachsene und Freund:innen aufmerksam sind, betroffene Kinder wahrnehmen, ihnen zuhören und helfen. Das Seelenwesen Ti, das wie ein kleiner Tele-Tubby aussieht, ermuntert betroffene Kinder, auf sich und ihre Bedürfnisse zu hören und den Mut zu fassen, ihre Probleme anderen anzuvertrauen, um so Hilfe zu aktivieren. Die genauen Schritte und wo man Hilfe finden kann, werden im Psychoedukationsteil des Buches aufgeführt. Mit diesem im Manga-Stil wunderbar illustrierten Buch liegt eine kindgerechte Geschichte zum Thema „emotionale Gewalt" vor. Der Mitmachteil lädt Kinder und Erwachsene ein, zu überlegen, was Kindern hilft, emotional stabil und gut aufzuwachsen, wodurch eine solche Entwicklung gefährdet werden kann und welche Hilfsmöglichkeiten es gibt, wenn Familien überfordert sind und sich dies in Gewalt äußert.

Ich wünsche allen Kindern, Eltern und anderen Interessierten viel Spaß beim Lesen!

Prof. Dr. Hanna Christiansen (Marburg)

September 2023

Die Illustratorin

Ge Guo wurde 1995 in China geboren. Ihr Bachelorstudium in „Visuelles Kommunikationsdesign" absolvierte sie in China. 2019 entschied sie sich, nach Deutschland zu ziehen. Ge Guo erzählt sehr gerne Geschichten mithilfe von Bildern. Umso besser, dass es ihr Freude bereitet, die Illustrationen selber zu erstellen.

Die Autorinnen

Gloria Oppermann wurde 1997 in Dannenberg an der Elbe geboren. Sie hat schon immer gern gelesen und hat bereits in ihrer Kindheit den Traum gehabt, selbst ein Buch zu schreiben. Sie fragt sich, ob Kosmos-Kakao bei Tiaki und Nunki genauso schmeckt wie bei uns auf der Erde.

Madita Scheunemann wurde 1998 in Wiesbaden geboren. So wie Tiaki und Nunki hat sie in ihrer Kindheit super gern getobt. Am liebsten würde sie auch mal mit einem Planetenschlitten fliegen.

Verena Simon wurde 1998 in Bielefeld geboren. In ihrer Kindheit hat sie am liebsten draußen mit ihrer Schwester gespielt, genauso wie es Tiaki und Nunki machen. Das Planetenring-Wettrutschen wäre bestimmt lustig gewesen.

Während des gemeinsamen Psychologiestudiums haben sich die drei kennengelernt. Mit ihrer Geschichte möchten sie betroffenen Kindern Mut machen, sich Hilfe zu suchen. Gleichzeitig möchten sie allen Leser:innen helfen, mehr auf ihre innere Gefühlswelt – ihre Seelenwesen – zu achten. Wie Tiaki mussten auch die drei Autor:innen erst lernen, was sie tun können, damit ihre Seelenwesen leuchten.

Bibliografische Information der Deutschen Nationalbibliothek
Die Deutsche Nationalbibliothek verzeichnet diese Publikation in der Deutschen Nationalbibliografie; detaillierte bibliografische Daten sind im Internet über http://www.dnb.de abrufbar.

Anregungen und Zuschriften bitte an:
Hogrefe AG
Lektorat Psychologie
Länggass-Strasse 76
3012 Bern
Schweiz
Tel. +41 31 300 45 00
info@hogrefe.ch
www.hogrefe.ch

Lektorat: Dr. Susanne Lauri
Herstellung: Daniel Berger
Druck und buchbinderische Verarbeitung: Finidr s.r.o., Český Těšín
Printed in Czech Republic

1. Auflage 2023

(E-Book-ISBN_PDF 978-3-456-96316-7)
ISBN 978-3-456-86316-0
https://doi.org/10.1024/86316-000

Weitere Titel der Reihe

Abdalli / Rzany / Hildebrandt / Neudert: Mission Schuppe – Eine kleine Geschichte über das Leben mit Neurodermitis
2021, ISBN 978-3-456-86181-4

Bartling / Buchner / Bendel / Grote / Kresse / Koy: Alles anders bei Familie Biber – Eine Geschichte für Kinder, deren Eltern von Arbeitslosigkeit betroffen sind
2019, ISBN 978-3-456-86019-0

Keshavarz / Ayaz / Röder / Wachter: Ecke, Abseits und die Atemnot – Asthma kindgerecht erklärt
2021, ISBN 978-3-456-86187-6

Maleki / Beham / Böning / Korfmacher / Stracke / Wangenheim: Dunkle Farben im Wunderwald – Ein Buch für Kinder, deren Eltern psychisch krank sind
2019, ISBN 978-3-456-86020-6

Maleki / den Hartog / Maiworm / Wüstefeld: Allein ist keine Farbe – Gemeinsam durch die Chemotherapie
2021, ISBN 978-3-456-86173-9

Meister / Hamacher / Weingarten: Paul und der rote Luftballon – Ein Buch für Kinder, die mutig werden und neue Freunde finden
2018, ISBN 978-3-456-85909-5

Michel / Buschkamp / Drerup / Schramm: Die kleine Eule Luna und wie sie lernte, mit ihrer Trennungsangst umzugehen
2018, ISBN 978-3-456-85896-8

Rzany / Heindel / Maelger / Senßfelder: Linns Licht – Ein Mutmach-Buch für Kinder mit einer Depression
2020, ISBN 978-3-456-86095-4

Schaaf / Andersen / Roth / Salzmann: In Gedanken ein Fuchs – Ein Buch für sozial ängstliche Kinder, die selber kleine Füchse sind
2018, ISBN 978-3-456-85899-9

Schaaf / Frerich / Hauck / Klein-Reesink / Zahn: Hörst du die Elefanten brüllen? – Ein Buch für Kinder, deren Eltern sich immer wieder mal streiten
2019, ISBN 978-3-456-86021-3

Schaaf / Eitenmüller / Schultz / Stefcheva: Karli, der kribbelige Kugelfisch – Eine Geschichte für ausgeprägte Trotzköpfe
2020, ISBN 978-3-456-86106-7

Spence / Kiefer / Habermann: Milli und die Zuckerdrachen – Wie Kinder lernen, mit Diabetes umzugehen
2021, ISBN 978-3-456-86179-1

Strack / Lin / Schlegl: Wackelkontakt – Epilepsie bei Kindern leicht erklärt
2021, ISBN 978-3-456-86197-5

Tavangar / Niebeling / Rauschkolb / Schweizer: Feuerfelsen und Spiegelsee – Der Mutmacher für Kinder mit Adipositas
2023, ISBN 978-3-456-86314-6

Tusheva / Battisti / Mohme / Roth: Kein Samstag ohne rote Grütze – Eine Geschichte von unsichtbaren Verletzungen
2020, ISBN 978-3-456-86090-9

Weißflog / Köcher / Ladkani / Ngono / Stöhr: Zwei Zimmer für Cleo – Wenn Eltern sich trennen und wie es danach weitergeht
2019, ISBN 978-3-456-86022-0

Weißflog / Ortmüller / Wende: Opas Stern – Ein Trost- und Erklärbuch für Kinder und ihre Eltern
2018, ISBN 978-3-456-85906-4

Weißflog / Dahm / Mews / Warczok: Zum Kuckuck mit den Regeln – Wie Kimi lernte, mit der Wut umzugehen
2020, ISBN 978-3-456-86091-6

Zais / Michalak / Rumpf / Schulte: Zappel-Zirkus Zacharias – Ein Buch für zappelige Zirkuskinder mit ADHS, ihre Zirkusfamilien, Freunde und Zirkusdompteure
2018, ISBN 978-3-456-85918-7

Themen in Vorbereitung

Körperliche Gewalt
Vernachlässigung
Dyskalkulie
Einschulung
Leistungsdruck
LRS
Mobbing